Les Meilleurs Cocktails au Rhum

Un Guide pour les Amateurs de Rhum et de Cocktails

Antoine Dupont

TABLE DES MATIÈRES

VAGUE DÉFERLANTE	12
GOLDDUST DE BEACHCOMBER	13
SPÉCIAL BEACHCOMBER	14
COCKTAIL ABEILLE	15
LE BAISER DE L'ABEILLE	16
BELLE DONNA	17
LE DREAMSICLE DES BERMUDES	18
TRIANGLE DES BERMUDES	19
LE BERMUDIEN	20
BAIES ET CRÈME	21
BERRY JOYEUX NOËL	22
ENTRE LES FEUILLES	23
GRANDE CHANSON D'AMOUR EN BAMBOU	24
LES FILLES BIGWOOD	25
BIKINI DAIQUIRI	26
BEAUTÉ NOIRE	27
DIABLE NOIR	28
ÉLÉPHANT NOIR	29
CRIC NOIR	30
MARIE NOIRE	31
COUREUR DE RHUM BLACK SEAL	32
BLIGHTER BOB	33
BLING BLING	34
HAWAÏEN BLEU	35
CIEL BLEU	36

LAGON BLEU	37
LÉZARD BLEU	38
MARLIN BLEU	39
LA PASSION BLEUE	40
CIEL BLEU	41
COUCHER DE SOLEIL BLEU	42
MONTRE BLEUE	43
BOB EST TON ONCLE	44
LA BODEGA	45
LA REINE AFRICAINE DE BOGART	46
BOLÉRO	47
BONBINI	48
VIOLATEUR D'OS	49
TAMBOUR BONGO	50
BONSAÏ COLADA	51
BORINQUEN	52
BOSSA NOVA	53
BRISE DE BOSTON	54
REFROIDISSEUR BOSTON	55
SIDE-CAR BOSTON	56
TOUT NOUVEAU TATOUAGE	57
BRIDGETOWN	58
CAFÉ BRINLEY SUR LES ROCKS	59
BRINLEY CREAMSICLE	60
BRINLEY LIME FIZZ	61
CACAO CHAUD BRINLEY "SPIKED"	62
DERBIES MARRON	63

BULLES & MANGUE	64
BUCK-A-ROO	65
BUCK JONES	66
COCKTAIL BULLDOG	67
ÉVÊQUE DE BOURGOGNE	68
BUSHRANGER	69
BUSHWHACKER	70
BWI SWIZZLE	71
LE BAISER DE CÉSAR	72
CAFÉ RUMBA	73
CAIPIRISSIMA	74
CALIFORNIE FIZZ	75
LE CALME AVANT LA TEMPÊTE	76
VOYAGE CALME	77
CALYPSO COOL-AID	78
REFROIDISSEUR CALYPSO	79
CANA BRAVA	80
CANA DORADA MARTINI	81
CANA SUTRA	82
LE CANARI	83
CANITÉS	84
BOULET DE CANON	85
CAPITAINE MORGAN DAIQUIRI	86
CAPITAINE MORGAN SOUR	87
COLADA DU CAPITAINE	88
CROISEUR DU CAPITAINE	89
PERLE DU CAPITAINE	90

THÉ ÉPICÉ TROPICAL DU CAPITAINE	91
CACAO DES CARAÏBES	92
REFROIDISSEUR DES CARAÏBES	93
COUP DE CŒUR DES CARAÏBES	94
DATE DES CARAÏBES	95
JOIE DES CARAÏBES	96
PASSION DES CARAÏBES	97
REINE DES CARAÏBES	98
ROMANCE DES CARAÏBES	99
MER DES CARAÏBES	100
TIREUR DES CARAÏBES	101
COUCHER DE SOLEIL DES CARAÏBES	102
LA FOLIE COCO LOPEZ LIMÓN	103
COCO LOPEZ LIMÓNADE	104
COCO LOPEZ VIOLET PASSION	105
COCO NAUT	106
COCO POM	107
TINI CACAO BANANE	108
PLAGE DE CACAO	109
COCOBANA	110
COCOMOTION	111
COCO BANANE COLADA	112
BROWNIE À LA NOIX DE COCO	113
COCONUT CLOUD MARTINI	114
COLADA À LA NOIX DE COCO	115
NOIX DE COCO	116
MIEL DE COCO	117

REFROIDISSEUR DE CRÈME À CAFÉ	118
LE COLONIALISTE	119
COCKTAIL COLUMBUS	120
COMPOSITION	121
CONTINENTAL	122
UN TIRE-BOUCHON	123
CANNE DE CORUBE	124
COQUITO	125
VACHE PERFORATEUR	126
TWISTER CRAN-RHUM	127
BAISER DE CANNEBERGE	128
RICKEY MENTHE CANNEBERGE	129
CHOU À LA CRÈME	130
SODA À LA CRÈME	131
PUNCH AU LAIT DE ŒUF LISSE ET CRÉMEUX	132
LE CRÉOLE	133
CRIQUET	134
NID DE CORBEAU	135
CRUZAN CHEESECAKE MARTINI	136
CRUZAN GIMLET	137
BRUME DE L'ÎLE CRUZAN	138
CRUZAN MAI TAI	139
LE CRUZAN SUZAN	140
POINÇON CRISTAL	141
CUBA LIBRE	142
DARK 'N' DARING	143
DARK 'N' STORMY	144

SOMBRE SECRETS	145
ELVIS MORT	146
DEPAZ ABRICOT COLLINS	147
DERBY DAIQUIRI	148
QUEUE DU DIABLE	149
POINÇON DE CÉLÉBRATION DON Q	150
PUNCH AU CHAMPAGNE DON Q	151
DON Q HOLIDAY PUNCH	152
SINGE IVREUX	153
DIABLE DUB	154
DYN-O-MITE DAIQUIRI	155
COCKTAIL DE PÂQUES	156
L'ÉCLIPSE	157
LE CONQUISTADANT	158
ROUSSE INSUFFISANTE	159
EXTRA ET GINGEMBRE	160
FEUILLES TOMBANTES	161
LE COUP DE COEUR DE FANNY	162
L'ACIDE DU POMPIER	163
FLAMANT	164
Flirter avec le bécasseau	165
FLOR FUSION	166
FLORIDITA	167
PATTE	168
KANGOUROU VOLANT	169
PLAISIR INTERDIT	170
QUATRE SAISONS STARR MARTINI	171

FOURSQUARE PIÑA COLADA	172
COLADA FRANÇAISE	173
CONNEXION FRANÇAISE	174
FRÈRE GIVRÉ	175
BERKELEY CONGELÉ	176
SPLIT TROPICAL CONGELÉ	177
MARGARITA AUX FRAISES TROPICALES SURGELÉES	178
CASQUETTE BLANCHE CONGELÉE	179
FUNKY PYRAT	180
CHARLIE FUZZY	181
MANGUE FLUO	182
GANGRÈNE	183
MARTINI AU CHOCOLAT ALLEMAND	184
GINGEMBRE COLADA	185
ÉCRASÉ AU GINGEMBRE	186
BISCUIT AU GINGEMBRE	187
CURE D'OR	188
OIE D'OR	189
COUCHER DE SOLEIL DORÉ	190
GILLIGAN DES FINS HEUREUSES	191
CASQUE	192
HAVANA BANANA FIZZ	193
SIDE-CAR LA HAVANE	194
SPÉCIAL LA HAVANE	195
MARGUERITE HAWAÏENNE	196
HOULA HAWAÏEN	197
NUIT HAWAÏENNE	198

CORDONNIER DES PLANTATIONS HAWAÏENNES 199
HEMINGWAY DAIQUIRI 200
VACHE BANANE SAINTE 201
RHUM AU BEURRE CHAUD 202
PUNCH CHAUD AU RHUM ET AU CIDRE 203
Papa vaudou chaud 204
SABLIER 205
HUMER 206
OURAGAN ANDREW 207
BRISE-GLACE 208
DANS LE ROSE 209
Mlle indifférente 210
MAI TAI INTERNATIONAL 211
THÉ GLACÉ ISLA GRANDE 212
COUCHER DE SOLEIL DE L'ÎLE 213
ÎLE VAUDOU 214
COLADA ITALIENNE 215
JADE 216

VAGUE DÉFERLANTE

1½ oz. Rhum blanc portoricain

¾ oz. Jus de citron vert de Rose

¼ once. triple sec

un trait de liqueur de marasquin

Secouer.

GOLDDUST DE BEACHCOMBER

1½ oz. rhum léger

1 once. jus de citron vert

½ oz. triple sec

1 once. Coco Lopez véritable crème de noix de coco

½ c. sucre

Mélange.

SPÉCIAL BEACHCOMBER

1½ oz. Rhum léger Bacardi

½ oz. curaçao orange

¾ oz. jus de citron ou de lime

¼ c. sucre (facultatif)

Mélanger avec de la glace pilée.

COCKTAIL ABEILLE

1 once. rhum léger

jus de 2 citrons verts

2 oz. du jus d'orange

2 c. grenadine

Mélanger avec de la glace pilée.

LE BAISER DE L'ABEILLE

1 once. Rhum blanc portoricain

¼ oz. Rhum brun de Myers

¾ oz. crème

2 cuillères à soupe. Miel

Secouer.

BELLE DONNA

1 once. Rhum Gosling's Black Seal

1 once. Désaronno amaretto

2 cuillères à soupe. mélange aigre frais (mélangez 1 c. à soupe chacun : sucre, eau, jus de citron, jus de lime)

Givrez le verre à martini avec le mélange de sucre. Agiter avec de la glace. Passer dans un verre et servir.

De l'hôtel Las Vegas Bellagio.

LE DREAMSICLE DES BERMUDES

2 oz. Rhum Gosling's Black Seal

2 oz. Liqueur de vanille de Navan

2 oz. du jus d'orange

1 boule de sorbet ou zeste d'orange pour la garniture

Agiter vigoureusement avec de la glace et filtrer dans un verre à martini. Garnir d'une petite boule de sorbet ou d'un zeste d'orange.

TRIANGLE DES BERMUDES

1½ oz. Admiral Nelson's premium rhum vanillé

2 oz. jus de cranberry

2 oz. du jus d'orange

tranche d'orange pour la garniture

Remuer délicatement sur de la glace et garnir d'une tranche d'orange fraîche.

LE BERMUDIEN

2 oz. Rhum des Bermudes Gosling's Gold

2 oz. jus d'ananas

¼ oz. grand Marnier

2 feuilles de menthe fraîche, déchirées

zeste de citron vert pour la garniture

Agiter vigoureusement et filtrer dans un verre à martini. Garnir d'un zeste de citron vert.

BAIES ET CRÈME

½ oz. Rhum épicé Captain Morgan Original

¾ oz. schnaps aux baies sauvages

3 onces. mélange pour cocktail à la fraise

2 cuillères à soupe. framboises ou fraises au sirop

2 oz. crème épaisse

16 onces. boule de glace pilée

BERRY JOYEUX NOËL

1 once. Rhum Rouge

½ oz. brandy de mûre

5 onces. eau chaude

½ oz. jus de citron

¼ oz. grenadine

1 bâton de cannelle

Mélanger les cinq premiers ingrédients dans une tasse et remuer avec le bâton de cannelle.

ENTRE LES FEUILLES

½ oz. Rhum Pyrat XO Reserve

¼ oz. Cédrat

½ oz. Cognac façon VSOP

1 once. mélange aigre-doux frais

zeste de citron pour la garniture

sucre au bord du verre

Secouez et servez directement dans un verre avec un rebord enrobé de sucre. Garnir avec un zeste de citron.

GRANDE CHANSON D'AMOUR EN BAMBOU

2 oz. Rhum Whaler's Rare Reserve

1 once. Grand rhum blanc des baleiniers

½ oz. triple sec

1 once. jus d'ananas

1 once. du jus d'orange

1 once. jus de citron vert

¾ oz. sirop de fruits

Bien agiter avec de la glace et verser dans un verre Collins.

LES FILLES BIGWOOD

¾ oz. Rhum léger portoricain

½ oz. Brandy

½ oz. Cointreau ou triple sec

½ oz. jus de citron

Secouer.

BIKINI DAIQUIRI

¾ oz. Rhum ananas Cruzan

¾ oz. Rhum à la banane Cruzan

2 oz. Coco Lopez véritable crème de noix de coco

1 once. jus de citron vert

Mélanger avec de la glace pilée.

BEAUTÉ NOIRE

1½ oz. Rhum Gosling's Black Seal

2–3 mûres mûres

jus de ½ citron vert

1 morceau de sucre

2 traits d'amer Peychaud

2 à 3 onces. eau gazifiée

Écrasez les mûres, le morceau de sucre, l'amer et le jus de citron vert. Ajouter le rhum Gosling's Black Seal et shaker avec de la glace. Versez dans un verre sur de la glace fraîche et complétez avec de l'eau gazeuse.

                        Créé par le Old Sealbach Bar.

DIABLE NOIR

1½ oz. Rhum léger portoricain

½ oz. vermouth sec

1 olive noire dénoyautée

Bien mélanger.

ÉLÉPHANT NOIR

1 once. Rhum Gosling's Black Seal

1 once. Liqueur de crème d'amarula

Verser sur de la glace et remuer.

CRIC NOIR

Parts égales:

   Rhum Gosling's Black Seal

   Jack Daniels, frais

MARIE NOIRE

1 once. Rhum brun de Myers

¾ oz. Tia Maria

1 c. sucre

1 tasse de café froid

écorces de citron

Remuer.

COUREUR DE RHUM BLACK SEAL

1¼ oz. Rhum Gosling's Black Seal

¾ oz. liqueur de mûre

1 once. liqueur de banane

¾ oz. grenadine

½ oz. jus de citron vert

Mélanger avec de la glace pilée.

BLIGHTER BOB

1 once. Rhum léger portoricain

½ oz. Rhum brun portoricain

½ oz. Crème de Cassis

1 once. du jus d'orange

2 traits d'amers à l'orange

2 oz. soda au gingembre

torsion de citron

Remuer.

BLING BLING

1 once. Rhum Rouge

1 once. Hypnotiq

2 oz. jus d'ananas

2 oz. 7 UP

Shaker avec de la glace et filtrer dans un verre à liqueur.

HAWAÏEN BLEU

1 once. Rhum Tommy Bahama White Sand

1 once. curaçao bleu

2 oz. jus d'ananas

1 once. creme de noix de coco

tranche d'ananas pour la garniture

cerise au marasquin pour la garniture

Mélanger avec une boule de glace pilée jusqu'à consistance lisse. Filtrer dans un verre. Garnir d'une tranche d'ananas frais et d'une cerise au marasquin.

CIEL BLEU

1 once. rhum léger

1 once. Curaçao bleu Hiram Walker

1 once. jus d'ananas

1 c. Coco Lopez véritable crème de noix de coco

Mélanger avec de la glace pilée.

LAGON BLEU

1½ oz. Rhum de Jamaïque Appleton Estate V/X

125 grammes. jus de cranberry

quartier de citron pour la garniture

Remuer avec de la glace pilée. Servir dans un verre à cocktail et décorer d'un quartier de citron.

LÉZARD BLEU

2 oz. Rhum aux agrumes Cruzan

¾ oz. curaçao bleu

¼ oz. mélange aigre-doux

¼ oz. Sprite ou 7UP

Versez les deux premiers ingrédients dans un verre sur de la glace. Ajouter aigre-doux et Sprite ou 7UP. Remuer et servir.

MARLIN BLEU

1 shot de curaçao bleu

1 verre de rhum Whaler's Great White

125 grammes. mélange citron-lime

tranche de citron vert pour la garniture

Bien agiter sur de la glace et filtrer dans un verre à whisky glacé. Garnir d'une tranche de citron vert.

LA PASSION BLEUE

¾ oz. Rhum épicé Captain Morgan Original

½ oz. curaçao bleu

125 grammes. mélange aigre-doux

tranche d'ananas pour la garniture

Bien agiter avec un 8 oz. boule de glace pilée et servir dans un verre Collins. Garnir d'une tranche d'ananas.

CIEL BLEU

¾ oz. Rhum léger Bacardi

1½ oz. Brume Canadienne

¾ oz. curaçao bleu

8 onces. jus d'ananas

tranche d'orange pour la garniture

cerise au marasquin pour la garniture

Mélanger avec de la glace pilée. Garnir d'une tranche d'orange et d'une cerise au marasquin.

COUCHER DE SOLEIL BLEU

2 oz. Rhum Whaler's Pineapple Paradise

2 oz. jus d'ananas

½ oz. curaçao bleu

Bien agiter et servir dans un verre à martini.

MONTRE BLEUE

¾ oz. Rhum épicé Captain Morgan Original

½ oz. curaçao bleu

125 grammes. soda au gingembre

Verser sur des rochers dans un verre old-fashioned. Remuer légèrement.

BOB EST TON ONCLE

2 oz. Rhum Wray & Nephew

½ oz. Frangelico

½ oz. Liqueur Cuarenta Tres

¼ oz. Chocolat liquide Funkin

¼ oz. liqueur de chocolat blanc Mozart

chocolat blanc pour la garniture

Verre à cocktail glacé en dentelle avec liqueur de chocolat blanc Mozart. Agiter tous les autres ingrédients et verser dans le verre à cocktail avec la liqueur de chocolat Mozart. Garnir de chocolat blanc.

LA BODEGA

2 oz. 10 rhum de canne

2 oz. Coco Lopez véritable crème de noix de coco

2 oz. nectar de mangue

2 oz. nectar de goyave

Mélanger tous les ingrédients dans un verre à mélange. Ajouter de la glace et agiter vigoureusement. Filtrer dans un verre à daiquiri classique refroidi. Peut également être servi nature dans un verre à whisky.

    Créé par : Robert Ryan, mixologue new-yorkais.

LA REINE AFRICAINE DE BOGART

3 onces. Rhum africain Starr

3 onces. Fruit de la passion Alizé

Bien agiter sur de la glace et filtrer dans un verre à martini.

BOLÉRO

1½ oz. Rhum Barbancourt

½ oz. Calvados

2 c. vermouth doux

tiret amer

Remuer. Servir directement ou sur glace.

BONBINI

1 once. Bacardi rhum clair ou brun

¼ oz. Curaçao orange Hiram Walker

2 traits de bitter Angostura

Remuer.

VIOLATEUR D'OS

2 oz. Rhum épicé vaudou

½ oz. triple sec

½ oz. jus de citron vert

3 onces. jus d'ananas

quartier de citron vert pour la garniture

Mélanger avec de la glace pilée. Garnir d'un quartier de lime.

TAMBOUR BONGO

1 once. Rhum léger Bacardi

¼ oz. Brandy Hiram Walker aromatisé à la mûre

jus d'ananas pour remplir

Verser le rhum dans un grand verre à moitié rempli de glace. Remplir de jus d'ananas. Flottez le cognac sur le dessus.

BONSAÏ COLADA

3 onces. Rhum Whaler's Pineapple Paradise

1 once. Vodka à l'orange Burnett

1 once. creme de noix de coco

tranche d'ananas pour la garniture

Agiter avec de la glace et filtrer ou verser dans un verre tempête. Garnir d'une tranche d'ananas.

BORINQUEN

1½ oz. rhum léger

1 cuillère à soupe. sirop de fruit de la passion

1 once. jus de citron vert

1 once. du jus d'orange

1 c. rhum 151-proof

Mélanger à basse vitesse avec ½ tasse de glace pilée. Verser dans un verre old-fashioned.

BOSSA NOVA

2 oz. rhum brun

1½ oz. Liqueur Galliano

1 once. Brandy à l'abricot

3 onces. jus de fruits de la passion

BRISE DE BOSTON

1¼ oz. rhum

1 once. Coco Lopez véritable crème de noix de coco

3 onces. cocktail de jus de canneberge

Mélanger avec de la glace pilée.

REFROIDISSEUR BOSTON

2 oz. rhum léger

jus de ½ citron

1 c. sucre en poudre

2 oz. Club Soda

club soda ou soda au gingembre pour remplir

spirale d'orange ou zeste de citron pour la garniture

Verser les trois premiers ingrédients dans un verre Collins et remuer. Remplir de glace pilée et ajouter le rhum. Remplir de soda ou de soda au gingembre et remuer à nouveau. Garnir d'une spirale d'écorce d'orange ou de citron et faire pendre l'extrémité sur le bord du verre.

SIDE-CAR BOSTON

¾ oz. rhum léger

¾ oz. Brandy

¾ oz. triple sec

jus de ½ citron vert

Shaker avec de la glace et filtrer dans un verre à cocktail.

TOUT NOUVEAU TATOUAGE

2 oz. Rhum épicé Sailor Jerry Navy

7UP à remplir

éclabousser le jus d'orange

Verser le rhum épicé Sailor Jerry Navy dans un verre et remplir de 7UP. Mélanger. Ajouter un trait de jus d'orange.

BRIDGETOWN

2 oz. Cockspur Rhum fin

éclabousser le jus de cerise

un trait de vermouth doux

cerise pour la garniture

Agiter avec de la glace. Servir dans un verre à cocktail. Garnir de cerise.

CAFÉ BRINLEY SUR LES ROCKS

3 onces. Rhum Brinley Gold Coffee

glace pilée

grain de café frais pour la décoration

Garnir de grains de café.

BRINLEY CREAMSICLE

2 oz. Rhum Brinley vanille

2 oz. du jus d'orange

1 once. lait

Bien agiter et verser dans un verre sur de la glace.

BRINLEY LIME FIZZ

3 parties de rhum citron vert Brinley Gold

4 parts de club soda ou soda citron-lime

quartier de citron vert pour la garniture

Verser dans un grand verre sur de la glace. Garnir d'un quartier de lime.

CACAO CHAUD BRINLEY "SPIKED"

3 onces. Rhum vanille Brinley Gold

125 grammes. chocolat chaud chaud

1 guimauve (ou 6 petites guimauves)

copeaux de chocolat pour la décoration

Servir très chaud dans une grande tasse. Garnir de guimauve et de copeaux de chocolat noir.

DERBIES MARRON

1¼ oz. Rhum brun portoricain

½ oz. jus de citron vert

1/6 oz. sirop d'érable

Secouer.

BULLES & MANGUE

1 once. Purée de mangues

2 oz. Rhum Flor de Cana 7 ans

¾ oz. jus de citron vert fraîchement pressé

½ oz. sirop simple

1½ oz. Prosecco

Secouez les quatre premiers ingrédients et filtrez dans un récipient de 6 oz. verre à martini. Garnir de Prosecco.

BUCK-A-ROO

1¼ oz. Bacardi rhum clair ou brun

bière de racine à remplir

Verser le rhum dans un verre highball sur de la glace. Remplir de root beer.

BUCK JONES

1½ oz. rhum léger

1 once. xérès doux

jus de ½ citron vert

soda au gingembre pour remplir

Verser les trois premiers ingrédients dans un verre highball sur des glaçons et remuer. Remplir de soda au gingembre.

COCKTAIL BULLDOG

1½ oz. Bacardi rhum clair ou brun

¾ oz. jus de citron vert

½ oz. brandy à la cerise

cerise au marasquin pour la garniture

Garnir de cerise au marasquin.

ÉVÊQUE DE BOURGOGNE

1 once. rhum léger

jus de ¼ citron

1 c. sucre en poudre

vin rouge pour remplir

fruits frais pour la garniture

Shaker avec de la glace et filtrer dans un verre highball sur des glaçons. Remplir de vin rouge et remuer. Décorez de fruits.

BUSHRANGER

1 once. Rhum blanc portoricain

1 once. Dubonnet

2 traits de bitter Angostura

Remuer.

BUSHWHACKER

½ oz. rhum

2 oz. Coco Lopez véritable crème de noix de coco

1 once. liqueur au café

½ oz. crème de cacao noire

2 oz. moitié moitié

Mélanger avec 1 tasse de glace jusqu'à consistance lisse.

BWI SWIZZLE

2 oz. Rhum Pyrat XO Reserve

½ oz. Liqueur Marie Brizard Apry

1 once. Sirop Rock Candy ou sirop simple

jus de 1 citron vert

2 traits de bitter Angtostura

Verser dans un 14 oz. gobelet rempli au ¾ de glace pilée. Mettez un tourbillon entre les paumes de vos mains et mélangez en ajoutant de la glace pilée jusqu'à ce que la boisson mousse et que l'extérieur du verre gèle.

LE BAISER DE CÉSAR

½ oz. Rhum vanille Bacardi

1 once. Téquila Rose

½ oz. Crème irlandaise Baileys

½ oz. Chambord

chantilly à la fraise pour la garniture

Secouer. Servir dans un verre à whisky. Garnir de chantilly à la fraise.

CAFÉ RUMBA

1 once. Kahlua

1 once. Rhum Whaler's Vanille

café chaud à remplir

crème fouettée pour le dessus

Verser les deux premiers ingrédients dans une tasse. Remplir de café. Garnir de chantilly et déguster.

CAIPIRISSIMA

2 oz. Rhum Pyrat Superior Blanco

1 petit citron vert, coupé en quartiers

1 c. à thé comble. cassonade

Dans un 16 onces. verre à mélange embrouiller le citron vert et la cassonade jusqu'à ce que le jus soit extrait et que le sucre soit dissous. Remplir de glace pilée (non pilée), puis ajouter le rhum Pyrat Superior Blanco. Agiter jusqu'à ce que le tout soit bien mélangé et verser dans un double verre old-fashioned. Ajouter plus de glace si nécessaire.

CALIFORNIE FIZZ

1½ oz. Bacardi rhum clair ou brun

125 grammes. du jus d'orange

club soda en haut

Verser les deux premiers ingrédients dans un grand verre. Garnir de soda club.

LE CALME AVANT LA TEMPÊTE

2½ onces. Rhum Tommy Bahama Golden Sun

jus de ½ citron vert

bière au gingembre en tête

rondelle de citron vert pour la garniture

Verser les deux premiers ingrédients dans un seau en verre sur de la glace. Garnir de bière de gingembre. Garnir d'une rondelle de citron vert.

VOYAGE CALME

1 once. Rhum léger Bacardi

¼ oz. Eau-de-vie de pomme Hiram Walker

1 once. du jus d'orange

tiret amer

Secouer avec de la glace et servir sur les rochers.

CALYPSO COOL-AID

1¼ oz. Rhum Barbancourt

1 once. jus d'ananas

½ oz. jus de citron ou de lime

¼ c. sucre

club soda en haut

Mélanger les quatre premiers ingrédients. Garnir de soda club. Garnir d'une lance d'ananas et d'une rondelle de citron vert.

REFROIDISSEUR CALYPSO

½ oz. Rhum épicé Captain Morgan Original

¼ oz. Myers Original rhum brun

½ oz. schnaps à la pêche

2 oz. du jus d'orange

1 once. grenadine

1 once. jus de citron vert

2 oz. Soda de Citron Vert

tranche d'orange pour la garniture

Bien agiter les six premiers ingrédients et verser dans un verre Collins ou spécial sur de la glace. Garnir de soda citron-lime. Garnir d'une tranche d'orange.

CANA BRAVA

2 oz. Rhum Flor de Cana Gold 4 ans

3 onces. Mélange Bloody Mary

½ oz. jus de jalapeno

½ oz. jus de citron vert

Remuer sur de la glace.

CANA DORADA MARTINI

½ oz. jus de citron vert sucré

1½ oz. Rhum Flor de Cana Gold 7 ans d'âge

½ oz. triple sec

1 once. du jus d'orange

Agiter et servir dans un verre à martini.

CANA SUTRA

2 oz. Rhum extra sec 4 ans Flor de Cana

1 once. jus de cranberry

1 once. jus d'ananas

1 once. schnaps à la pêche

1 once. grenadine

Secouez et servez sur glace.

LE CANARI

1½ oz. 10 rhum de canne

1½ oz. anisette

2½ onces. jus d'ananas fraîchement pressé

crème de cacao pour givrer le verre

cassonade sur le bord du verre

1 anis étoilé pour la décoration

Garnir un verre à martini de crème de cacao et de cassonade. Verser 10 cannes, l'anisette et le jus d'ananas dans un shaker avec de la glace. Agiter vigoureusement et filtrer dans le verre à martini. Garnir d'une étoile de badiane flottante. Allongez-vous dans un fauteuil.

    Créé par l'équipe de barmen Elbow Beach Resort, Bermudes.

CANITÉS

2 oz. 10 rhum de canne

1 dose d'espresso

sucre au goût (facultatif)

1 c. chantilly fraîche (facultatif)

Dans un petit verre à shot ou à jus, ajoutez 10 Cane et un expresso. Ajouter le sucre, si utilisé. Garnir de crème fouettée fraîche, si désiré.

BOULET DE CANON

1 à 2 oz. Rhum Gosling's Black Seal

½ oz. Cordial citron vert rose

Parties égales (vers le haut) :

    jus de cranberry

    jus d'ananas

    du jus d'orange

meule d'orange pour la garniture

cerise pour la garniture

Verser les deux premiers ingrédients dans un verre. Garnir de parts égales de canneberge, d'ananas et de jus d'orange. Garnir de rondelle d'orange et de cerise.

CAPITAINE MORGAN DAIQUIRI

1 once. Rhum épicé Captain Morgan Original

¼ oz. Liqueur de cerise

1 once. mélange aigre-doux

rondelle de citron vert pour la garniture

Agiter vigoureusement sur de la glace pilée et filtrer dans un verre à cocktail à pied. Garnir d'une rondelle de citron vert.

CAPITAINE MORGAN SOUR

1 ¼ oz. Rhum épicé Captain Morgan Original

1 once. jus de citron fraîchement pressé

1 c. sucre

Secouez et servez sur glace.

COLADA DU CAPITAINE

1¼ oz. Rhum épicé Captain Morgan Original

5 onces. Pina Colada mix

bâton d'ananas pour la garniture

cerise au marasquin pour la garniture

Mélanger avec de la glace pilée jusqu'à consistance lisse. Verser dans un verre spécial. Garnir d'un bâtonnet d'ananas et d'une cerise au marasquin.

CROISEUR DU CAPITAINE

1¼ oz. Rhum Captain Morgan Parrot Bay

3 onces. du jus d'orange

2 oz. jus d'ananas

Mélanger dans un shaker. Verser dans un grand verre sur de la glace.

PERLE DU CAPITAINE

1 once. Rhum épicé Captain Morgan Original

¼ oz. Amaretto

1½ oz. moitié moitié

½ banane mûre

Mixer avec une boule de glace pilée.

THÉ ÉPICÉ TROPICAL DU CAPITAINE

1¼ oz. Rhum épicé Captain Morgan Original

3 onces. thé glacé

½ c. jus de citron

2 oz. soda au gingembre

rondelle de citron pour la garniture

Incorporer dans un verre highball sur de la glace. Garnir d'une rondelle de citron.

CACAO DES CARAÏBES

1½ oz. Rhum de Jamaïque Coruba

chocolat chaud pour remplir

crème fouettée pour la garniture

copeaux de chocolat pour la garniture

Versez le rhum Coruba dans une tasse. Remplir de chocolat chaud. Garnir de crème fouettée et recouvrir de copeaux de chocolat.

REFROIDISSEUR DES CARAÏBES

1 once. Rhum épicé Captain Morgan Original

¼ oz. crème de cacao blanche

3 onces. du jus d'orange

1½ oz. Club Soda

Verser le rhum, la crème de cacao et le jus d'orange sur de la glace dans un verre. Remuer. Ajouter le soda et remuer doucement.

COUP DE CŒUR DES CARAÏBES

3 onces. lait de coco

1/3 banane mûre

½ oz. Crème irlandaise Baileys

1½ oz. Rhum Pyrat XO Reserve

1 boule de glace

crème fouettée pour la garniture

noix de coco râpée pour la garniture

Mélanger pendant 15 à 20 secondes. Garnir de crème fouettée et de noix de coco râpée.

DATE DES CARAÏBES

1½ oz. Rhum Pyrat XO Reserve

1 once. purée de mandarine

1 once. Lait de coco thaï

cannelle et sucre demerara pour givrer le verre

brin de menthe pour décorer

Secouer avec de la glace et filtrer dans un verre à cocktail refroidi bordé de sucre cannelle-demerara. Garnir d'un brin de menthe fraîche.

JOIE DES CARAÏBES

1½ oz. Rhum léger Bacardi

1 once. jus d'ananas

¾ oz. jus de citron

Secouez et servez sur glace.

PASSION DES CARAÏBES

½ oz. Rhum Mount Gay

¾ oz. Passoã

1 once. jus d'ananas

éclabousser le jus d'orange

Secouer. Servir dans un grand verre sur glace.

REINE DES CARAÏBES

1¼ oz. Rhum Bacardi Limon

½ oz. Cointreau

2 oz. du jus d'orange

3 onces. Coco Lopez véritable crème de noix de coco

Mélanger avec de la glace. Servir dans un verre à martini.

ROMANCE DES CARAÏBES

3 onces. Rhum léger Bacardi

1½ oz. sirop de sucre

2 morceaux de papaye

2 morceaux de banane

1 once. jus de citron vert

1 once. Coco Lopez véritable crème de noix de coco

tranche d'orange pour la garniture

tranche d'ananas pour la garniture

cerise pour la garniture

Mélange. Garnir d'une tranche d'orange, d'une tranche d'ananas et d'une cerise.

MER DES CARAÏBES

1½ oz. Rhum de Jamaïque Appleton Estate V/X

¾ oz. curaçao bleu

3 onces. jus d'ananas

1½ oz. creme de noix de coco

Mélanger dans un verre Collins sur glace.

TIREUR DES CARAÏBES

¾ oz. Rhum épicé Captain Morgan Original

½ oz. Brandy

1 once. jus de cranberry

Shaker avec de la glace et filtrer dans un verre.

COUCHER DE SOLEIL DES CARAÏBES

¾ oz. Whaler's Great rhum blanc

¾ oz. Le gin de Burnett

¾ oz. curacao bleu

¾ oz. liqueur de banane

1 once. jus de citron

1 once. jus de citron vert

tiret grenadine

tranche de citron vert pour la garniture

Secouez les six premiers ingrédients sur de la glace et versez dans un verre à cocktail. Ajouter la grenadine et garnir d'une tranche de citron vert.

LA FOLIE COCO LOPEZ LIMÓN

½ oz. Rhum Bacardi Limon

½ oz. Coco Lopez véritable crème de noix de coco

1 once. du jus d'orange

1 once. jus de cranberry

Mélanger avec de la glace pilée. Servir dans un grand verre.

COCO LOPEZ LIMÓNADE

1 once. Rhum Bacardi Limon

3 onces. Limonade Coco Lopez

Mélanger avec de la glace pilée.

COCO LOPEZ VIOLET PASSION

1½ oz. Rhum léger Bacardi

3 onces. Mélange de colada passion pourpre Coco Lopez

Mélanger avec de la glace pilée.

COCO NAUT

2 oz. Rhum Wray & Nephew

2 oz. Coco Lopez véritable crème de noix de coco

¼ oz. jus de citron vert fraîchement pressé

Mixez avec de la glace pilée et servez dans un verre.

COCO POM

¼ oz. Rhum à la noix de coco Captain Morgan Parrot Bay

1½ oz. Vodka Smirnoff n°21

2 oz. jus de grenade

1 c. flocons de noix de coco

Secouer les trois premiers ingrédients sur de la glace et filtrer dans un verre à martini refroidi. Garnir de flocons de noix de coco.

TINI CACAO BANANE

1¼ partie de rhum banane Malibu Tropical

¾ partie de cacao blanc Hiram Walker

¾ partie moitié-moitié

tranche de banane pour la garniture

cannelle pour la garniture

Agiter et filtrer dans un verre à martini. Garnir d'une tranche de banane et de pépites de cannelle.

PLAGE DE CACAO

1½ Rhum Prichard's Crystal

125 grammes. du jus d'orange

2 oz. jus d'ananas

1 once. Pina Colada mix

Mélanger avec ¾ de tasse de glace jusqu'à ce qu'elle soit bouillie.

COCOBANA

1 partie de rhum léger Bacardi

1 banane

1 dose de lait de coco

Mélanger avec de la glace pilée.

                    Susan McGowan, restaurant Oddfellows.

COCOMOTION

1½ oz. Rhum brun portoricain

125 grammes. Coco Lopez véritable crème de noix de coco

2 oz. jus de citron vert

Mélanger avec 1 ½ tasse de glace.

COCO BANANE COLADA

2 oz. Rhum Cruzan à la noix de coco

¾ oz. Rhum à la banane Cruzan

2 oz. Coco Lopez véritable crème de noix de coco

3 onces. jus d'ananas

Mélanger avec de la glace pilée.

BROWNIE À LA NOIX DE COCO

1¼ oz. Rhum épicé Captain Morgan Original

¼ oz. chocolat chaud

1 c. crème fouettée

Verser les deux premiers ingrédients dans une tasse et garnir de crème fouettée.

COCONUT CLOUD MARTINI

1 once. Rhum Tommy Bahama White Sand

½ oz. vodka à la vanille

½ oz. rhum coco

½ oz. Coco Lopez véritable crème de noix de coco

noix de coco grillée pour la garniture

Agiter avec de la glace. Garnir de noix de coco grillée.

COLADA À LA NOIX DE COCO

1¼ oz. Rhum à la noix de coco Captain Morgan Parrot Bay

1 once. lait

5 onces. jus d'ananas

pointe d'ananas pour la garniture

Mélanger 10 à 15 secondes et verser dans un verre spécial. Garnir d'une pointe d'ananas.

NOIX DE COCO

1 once. rhum

2 oz. Coco Lopez véritable crème de noix de coco

1 once. du jus d'orange

Mélanger avec de la glace pilée.

MIEL DE COCO

1 once. rhum brun

2 oz. Coco Lopez véritable crème de noix de coco

1 once. Miel

Mélanger avec de la glace pilée.

REFROIDISSEUR DE CRÈME À CAFÉ

1¼ oz. Bacardi rhum clair ou brun

café froid à remplir

crème au goût

Versez le rhum Bacardi light ou dark dans un grand verre à moitié rempli de glaçons. Remplir de café froid et de crème au goût.

LE COLONIALISTE

2 oz. 10 rhum de canne

1½ oz. crème de cacao noire

crème fraîche en tête

Combinez tous les ingrédients. Ajouter de la glace et agiter vigoureusement. Filtrer dans un verre à martini refroidi. Recouvrez d'une couche de crème fraîche.

COCKTAIL COLUMBUS

1½ oz. Rhum doré de Porto Rico

jus de ½ citron vert

¾ oz. Brandy à l'abricot

Servir sur de la glace pilée.

COMPOSITION

2 oz. Rhum blanc La Mauny

½ oz. Marie Brizard Ananas

½ oz. Liqueur de mangue Marie Brizard

3 onces. du jus d'orange

Agiter et filtrer dans un grand verre sur de la glace.

CONTINENTAL

1 once. Rhum léger Bacardi

¼ oz. Crème de menthe verte Hiram Walker

¾ oz. Jus de citron vert de Rose

¼ c. sucre (facultatif)

Remuer. Servir sur glace.

UN TIRE-BOUCHON

¾ oz. Rhum léger Bacardi

¼ oz. Eau-de-vie d'Asbach Uralt

¼ oz. Porto

½ oz. jus de citron ou de citron vert Rose's

Remuer. Servir sur glace.

CANNE DE CORUBE

2 oz. Rhum de Jamaïque Coruba

½ oz. Soda de Citron Vert

½ oz. grenadine

2 oz. mélange de daiquiri aux fraises

1 once. du jus d'orange

quartier d'orange pour la garniture

cerise pour la garniture

Mélanger avec de la glace jusqu'à consistance boueuse. Verser dans un grand verre et garnir d'un quartier d'orange et d'une cerise.

COQUITO

1 ½ oz. Rhum Pyrat XO Réserve

1 once. lait de coco

1 once. du jus d'orange

1 jaune d'oeuf

Agiter et servir dans un petit verre à vin blanc, droit. Garnir de cannelle moulue et d'un zeste d'orange.

VACHE PERFORATEUR

1 once. Bacardi rhum clair ou brun

1 once. Crème de cacao blanche Hiram Walker

lait pour remplir

Verser le rhum et la crème de cacao dans un grand verre à moitié rempli de glace. Remplir de lait.

TWISTER CRAN-RHUM

2 oz. Rhum léger portoricain

3 onces. jus de cranberry

soda citron-lime pour remplir

tranche de citron vert pour la garniture

Verser dans un grand verre sur de la glace. Garnir d'une tranche de citron vert.

BAISER DE CANNEBERGE

¾ oz. Rhum épicé Captain Morgan Original

2 oz. Mélange Collins

2 oz. jus de cranberry

quartier de citron pour la garniture

Incorporer dans un verre highball sur de la glace. Garnir d'un quartier de citron.

RICKEY MENTHE CANNEBERGE

2½ onces. 10 rhum de canne

2 cuillères à soupe. canneberges (fraîches ou surgelées)

1 once. jus de citron vert fraîchement pressé

éclaboussures de soda

3 feuilles de menthe

canneberges pour la garniture

brin de menthe pour décorer

Dans un verre à mélange, écraser les canneberges et macérer avec le sirop simple et 10 cannes pendant 10 minutes. Ajouter les feuilles de menthe et écraser délicatement. Ajouter le jus de lime, la glace et remuer. Passer dans un verre à whisky avec de la glace. Garnir de soda club. Garnir de canneberges et d'un brin de menthe.

CHOU À LA CRÈME

1½ oz. Rhum léger Bacardi

2 oz. crème

½ oz. crème de Noyeaux (ou liqueur aux amandes)

Agiter avec de la glace. Servir dans un verre à martini.

SODA À LA CRÈME

1¼ oz. Rhum épicé Captain Morgan Original

¼ oz. triple sec

1 once. jus de citron vert

2 oz. jus d'ananas

tranche de citron pour la garniture

Verser dans un grand verre sur de la glace. Bien mélanger. Garnir d'une tranche de citron.

PUNCH AU LAIT DE ŒUF LISSE ET CRÉMEUX

1 bouteille (750 ml) de rhum doré Don Q

12 jaunes d'œufs

½ lb de sucre à glacer

1 pinte. lait

1 pinte. crème épaisse

noix de muscade râpée pour la garniture

Battez les jaunes d'œufs jusqu'à ce qu'ils soient légers (ou utilisez votre mélange de lait de poule préféré). Incorporer le sucre jusqu'à ce que le mélange épaississe. Incorporer le lait et le rhum Don Q Gold. Réfrigérer 3 heures. Verser dans un bol à punch et incorporer la crème bien fouettée. Réfrigérer 1 heure et saupoudrer de noix de muscade. Pour 24 personnes.

LE CRÉOLE

1¾ oz. Rhum blanc portoricain

3–4 glaçons

2 gouttes de jus de citron

3½ onces. bouillon de boeuf

Poivre à goûter

sel au goût

Tabasco au goût

Sauce Worcestershire au goût

Secouer. Servir sur les rochers.

CRIQUET

¾ oz. Rhum léger Bacardi

¼ oz. Crème de cacao blanche Hiram Walker

¼ oz. Crème de menthe verte Hiram Walker

1 once. crème

Secouer. Servir sur glace.

NID DE CORBEAU

1½ oz. Admiral Nelson's Premium rhum vanillé

1½ oz. Liqueur de melon Arrow

3 onces. Pina Colada mix

3 onces. mélange acide

Mélanger avec de la glace.

CRUZAN CHEESECAKE MARTINI

2 oz. Rhum Cruzan à la vanille

1 once. jus d'ananas

1 once. jus de cranberry

Shaker avec de la glace et filtrer dans un verre à martini.

CRUZAN GIMLET

2 oz. Rhum blanc Cruzan

1 cuillère à soupe. jus de citron vert sucré

tranche de citron ou de lime pour la garniture

Agiter vivement avec de la glace et filtrer dans un verre à cocktail. Garnir d'une tranche de citron ou de lime.

BRUME DE L'ÎLE CRUZAN

2 oz. Rhum Cruzan blanc ou doré

zeste de citron

Verser dans un petit verre old-fashioned garni de glace pilée. Servir avec des pailles courtes.

CRUZAN MAI TAI

1½ oz. Rhum blanc Cruzan

½ oz. Rhum d'or Cruzan

½ oz. jus de citron vert

½ oz. curacao bleu

½ oz. sirop d'orgeat

1 c. sucre très fin

bâton d'ananas pour la garniture

cerise pour la garniture

Verser dans un verre old-fashioned sur de la glace pilée. Bien mélanger. Garnir d'un bâtonnet d'ananas et d'une cerise. Servir avec des pailles.

LE CRUZAN SUZAN

½ oz. Rhum Cruzan

1/3 oz. crème de cacao blanche

jus d'1 orange

Secouer. Verser dans un gobelet sur de la glace pilée.

POINÇON CRISTAL

1½ oz. Rhum Cristal des Prichards

125 grammes. du jus d'orange

2 oz. jus d'ananas

1 once. Pina Colada mix

Mélanger avec ¾ tasse de glace jusqu'à consistance lisse.

CUBA LIBRE

1 ¾ oz. Rhum Bacardi

cola au goût

¼ citron vert

Verser le rhum Bacardi dans un verre et remplir de cola au goût. Ajouter de la chaux. Remuer.

DARK 'N' DARING

1 dose de rhum Alnwick

cola à remplir

Versez le rhum Alnwick dans un grand verre sur de la glace et remplissez de cola.

DARK 'N' STORMY

1½ oz. Rhum Gosling's Black Seal

3 onces. bière de gingembre

quartier de citron au bord du verre

quartier de citron pour la garniture

Servir dans un grand verre sur glace. Pressez un quartier de citron sur le pourtour du verre. Garnir d'un quartier de citron.

                Boisson nationale des Bermudes.

SOMBRE SECRETS

1 dose de rhum Alnwick

1 bouteille de bière au gingembre Fentimans

jus de citron vert

Verser dans un grand verre sur de la glace dans l'ordre indiqué ci-dessus. Pressez du citron vert frais.

ELVIS MORT

2 oz. Rhum Rouge

½ oz. 151 rhum (à flotter)

½ oz. Brandy à l'abricot

1 once. jus d'ananas

½ oz. jus de citron vert

2 oz. du jus d'orange

1 c. sucre très fin

cerise pour la garniture

tranche d'orange pour la garniture

Mélanger tous les ingrédients sauf le rhum 151 avec 1 tasse de glace. Filtrer dans un verre à cocktail. Flottez le rhum 151. Garnir d'une cerise et d'une tranche d'orange. Servir avec une paille.

DEPAZ ABRICOT COLLINS

1½ oz. Rhum ambré Depaz Blue Cane

4 c. confitures d'abricots

½ oz. jus de citron frais

¾ oz. Crème Pêche

1 once. jus d'orange frais

demi-rondelle d'orange pour la garniture

Agiter vigoureusement avec de la glace. Passer dans un verre highball sur de la glace fraîche. Garnir d'une tranche d'orange.

DERBY DAIQUIRI

2 oz. Grand rhum blanc de Whaler

½ oz. Hypnotiq

1 once. jus de citron vert

½ cuillère à café de sirop simple (la recette suit)

quartier de citron vert pour la garniture

brin de menthe pour décorer

Agiter vigoureusement avec de la glace et filtrer dans un verre à cocktail. Garnir d'un quartier de lime et d'un brin de menthe.

Pour faire un sirop simple : Porter 1 tasse d'eau à ébullition. Ajouter 2 tasses de sucre. Lorsque le sucre est complètement dissout, retirer du feu et laisser refroidir. Conserver dans un flacon souple en plastique.

QUEUE DU DIABLE

1 ½ oz. rhum léger

1 once. vodka

2 c. Brandy à l'abricot

2 c. grenadine

½ oz. jus de citron vert

Secouez avec de la glace et servez sur de la glace.

POINÇON DE CÉLÉBRATION DON Q

1 bouteille (750 ml) de rhum doré Don Q

16 onces. du jus d'orange

16 onces. jus d'ananas non sucré

1 32 onces. bouteille de soda club

3 onces. jus de citron vert

sucre glace au goût

Verser les cinq premiers ingrédients dans un bol à punch sur de la glace. Remuer doucement. Ajouter du sucre au goût. Pour 12 à 15 personnes.

PUNCH AU CHAMPAGNE DON Q

1 bouteille (750 ml) de rhum doré Don Q

3 ananas

1 1 lb. pqt. sucre glace

2 tasses de jus de citron

½ tasse de liqueur de curaçao Arrow

½ tasse de jus de cerise au marasquin

4 bouteilles (750 ml chacune) de champagne frais

Pelez, évidez et coupez les ananas. Écraser ou hacher les tranches dans un grand récipient. Dissoudre le sucre et le jus de citron et ajouter à l'ananas. Ajouter le curaçao, le jus de cerise et le rhum doré Don Q. Réfrigérer 2 heures. Verser dans un bol à punch sur de la glace, ajouter le champagne et remuer doucement. Pour 20 personnes.

DON Q HOLIDAY PUNCH

1 bouteille (750 ml) de rhum léger Don Q

½ tasse de jus de citron

¼ tasse de sucre glace

1 tasse de jus d'orange

1 tasse de jus de canneberge

1 tasse de thé fort

12 clous de girofle

8 tranches de citron

10 cerises au marasquin

Dans un bol à punch, mélanger le jus de citron et le sucre. Ajouter le jus d'orange, le jus de canneberge et le thé. Verser le rhum léger Don Q. Ajoutez des clous de girofle, des tranches de citron, des cerises et des glaçons pour refroidir. Pour 15 personnes.

SINGE IVREUX

1½ oz. Rhum Gosling's Black Seal

½ oz. liqueur de banane

125 grammes. jus d'ananas

quartier d'ananas pour la garniture

Agiter vigoureusement sur de la glace et filtrer dans un verre à martini. Garnir d'un quartier d'ananas.

DIABLE DUB

2 oz. Rhum Wray & Nephew

2 c. sirop d'orgeat

2 traits de bitter Angostura

3 onces. jus de pomme

3 citrons verts

Construisez les deux premiers ingrédients sur des glaçons. Garnir de jus de pomme. Ajouter les amers d'Angostura et les jus de citron vert.

DYN-O-MITE DAIQUIRI

2 oz. rhum

3 onces. liqueur de banane orange

½ oz. triple sec

1 once. jus de citron vert

Secouez avec de la glace et servez sur de la glace.

COCKTAIL DE PÂQUES

1 once. rhum blanc Barbancourt

½ oz. triple sec

1 once. Avocat

1 once. du jus d'orange

eau gazeuse pour le dessus

Verser les quatre premiers ingrédients dans un verre sur de la glace. Complétez avec de l'eau gazeuse et remuez bien.

L'ÉCLIPSE

1½ oz. Rhum Mount Gay

1 once. jus d'ananas

1 once. du jus d'orange

Secouer.

LE CONQUISTADANT

1¼ oz. Rhum Don Q Crystal

5 onces. jus d'ananas

¼ oz. triple sec

½ oz. liqueur de framboise

tranche d'orange pour la garniture

cerise pour la garniture

Garnir d'une tranche d'orange et d'une cerise.

De l'hôtel El Conquistador.

ROUSSE INSUFFISANTE

1½ oz. Rhum de Jamaïque Appleton Estate V/X

3 onces. Mélange Clamato ou Bloody Mary

raifort au goût

Tabasco au goût

poivre noir au goût

sel de mer au goût

Sauce Worcestershire au goût

jus de citron vert au goût

branche de céleri pour la garniture

olives pour la garniture

Verser dans un verre highball bordé de fleur de sel et/ou de poivre. Assaisonner au goût avec du raifort, du Tabasco, du poivre, du sel, de la sauce Worcestershire ou du jus de citron vert. Garnir d'une branche de céleri et d'olives.

EXTRA ET GINGEMBRE

1½ oz. Rhum de Jamaïque Appleton Estate V/X

6 onces. soda au gingembre

quartier d'orange ou de citron pour la garniture

Servir dans un grand verre sur glace. Garnir d'un quartier d'orange ou de citron.

FEUILLES TOMBANTES

1 once. Rhum Gosling's Black Seal

½ oz. Liqueur de framboise Marie Brizard

tiret grenadine

125 grammes. du jus d'orange

Servir dans un grand verre.

LE COUP DE COEUR DE FANNY

½ oz. Rhum à la framboise de l'amiral Nelson

½ oz. Rhum à la noix de coco de l'amiral Nelson

½ oz. Liqueur de melon Arrow

½ oz. Flèche liqueur de framboise

éclabousser le jus d'ananas

éclabousser du soda blanc

zeste d'orange pour la garniture

cerise pour la garniture

Mélanger les cinq premiers ingrédients et verser dans un verre sur de la glace. Garnir de soda blanc et garnir d'un zeste d'orange et d'une cerise.

L'ACIDE DU POMPIER

1½ oz. Rhum léger Bacardi

1½ oz. jus de citron ou de lime

½ c. sucre

¼ oz. grenadine

club soda en haut

cerise au marasquin pour la garniture

rondelle de citron ou de lime pour la garniture

Mélanger les quatre premiers ingrédients et garnir de club soda. Garnir d'une cerise au marasquin et d'une rondelle de citron ou de lime.

FLAMANT

1½ oz. Rhum Barbancourt

jus de ¼ de citron vert

quelques traits de grenadine

1 once. jus d'ananas

Secouer avec de la glace et servir sur les rochers.

Flirter avec le bécasseau

1½ oz. Rhum léger portoricain

½ oz. Cognac de cerise

3 onces. du jus d'orange

2 traits d'orange amère

Bien mélanger.

FLOR FUSION

1 once. Rhum extra-sec Flor de Cana 4 ans d'âge

1 once. Rhum doré 7 ans d'âge Flor de Cana

½ oz. jus de citron vert frais

½ oz. du jus d'orange

½ oz. jus d'ananas

½ oz. jus de cranberry

¼ oz. sirop simple

tiret amer

2 cerises douces Amarena pour la garniture

Secouer avec de la glace et filtrer sur de la glace fraîche dans un verre highball. Garnir de cerises.

FLORIDITA

1½ oz. Rhum léger Bacardi

1 once. du jus d'orange

½ oz. triple sec

Secouez et servez sur de la glace.

PATTE

1 once. Rhum épicé Whaler

½ oz. Cordial Hypnotiq

5 onces. Cola

cerise pour la garniture

Verser dans un verre à cocktail sur glace. Garnir de cerise.

KANGOUROU VOLANT

1 once. Rhum Barbancourt

1 once. vodka

¼ oz. Liqueur Galliano

½ oz. crème

¾ oz. creme de noix de coco

1½ Oz. jus d'ananas

¾ oz. du jus d'orange

Secouer.

PLAISIR INTERDIT

1½ oz. Rhum Mount Gay Eclipse

½ banane fraîche

1½ oz. Ponche Kuba

2½ onces. crème de coco

2 oz. jus d'ananas

brin de menthe pour décorer

Mélanger avec de la glace et décorer d'un brin de menthe.

QUATRE SAISONS STARR MARTINI

2 oz. Rhum africain Starr

2 oz. soda au gingembre

éclabousser la purée de fruit de la passion

petit tiret Cointreau

framboise fraîche pour la garniture

Bien agiter avec de la glace et filtrer dans un verre à martini. Garnir d'une framboise fraîche.

FOURSQUARE PIÑA COLADA

1 once. Foursquare rhum épicé

5 onces. jus d'ananas (et plus au goût)

1½ oz. creme de noix de coco

cerise pour la garniture

Bien mélanger à haute vitesse avec 1 tasse de glace pilée. Verser dans un verre Collins et garnir d'un jus de cerise et d'ananas au goût.

COLADA FRANÇAISE

1½ oz. Rhum blanc portoricain

¾ oz. crème sucrée

¾ oz. Coco Lopez véritable crème de noix de coco

1½ oz. jus d'ananas

éclaboussures de cassis

¾ oz. Cognac

Mélanger avec 1 boule de glace pilée.

CONNEXION FRANÇAISE

1 once. Rhum Terre-Neuve Screech

1 once. Dubonnet

tranche de citron pour la garniture

Verser sur de la glace et remuer. Garnir d'une tranche de citron. Parlez-vous français ?

FRÈRE GIVRÉ

¾ oz. Rhum Blanc

1½ oz. Liqueur Frangelico

1 boule de glace à la fraise

Mélanger avec de la glace.

BERKELEY CONGELÉ

2 oz. rhum léger

½ oz. Brandy

1 cuillère à soupe. sirop de fruit de la passion

1 cuillère à soupe. jus de citron vert

Secouez et servez sur de la glace.

SPLIT TROPICAL CONGELÉ

1 ¼ part de rhum banane Malibu Tropical

¾ partie de cacao blanc Hiram Walker

1 dose de purée de fraises

2 parties de mélange de piña colada

fraise pour la garniture

tranche de banane pour la garniture

Mélanger avec de la glace jusqu'à consistance lisse. Garnir d'une tranche de fraise et de banane.

MARGARITA AUX FRAISES TROPICALES SURGELÉES

1 part de rhum Malibu Tropical à la banane

¾ partie de tequila Tezon Blanco

1½ parts de purée de fraises

1½ parts de mélange aigre frais

fraise pour la garniture

tranche de banane pour la garniture

Mélanger avec de la glace jusqu'à consistance lisse. Garnir d'une tranche de fraise et de banane.

CASQUETTE BLANCHE CONGELÉE

1½ oz. Rhum Appleton Estate V/X

2 oz. jus d'ananas

1 cuillère à soupe. jus de citron vert

Mélanger avec 1 boule de glace pilée.

FUNKY PYRAT

1½ oz. Rhum Pyrat XO Reserve

125 grammes. Brandy à l'abricot

tiret Herbsaint

2 oz. aigre-doux frais

éclaboussures de grenadine

zeste d'orange pour la garniture

brin de menthe pour décorer

Secouez et filtrez sur de la glace. Garnir d'un zeste d'orange et d'un brin de menthe fraîche.

CHARLIE FUZZY

¾ oz. Rhum épicé Captain Morgan Original

¾ oz. schnaps à la pêche

2 oz. Pina Colada mix

125 grammes. du jus d'orange

1 tranche d'ananas

brin de menthe pour décorer

Verser dans un verre sur glace et remuer. Garnir d'un brin de menthe.

MANGUE FLUO

2 oz. Rhum Brinley à la mangue

3 onces. Soda de Citron Vert

zeste d'orange pour la garniture

Servir dans un grand verre et décorer d'écorces d'orange.

GANGRÈNE

1½ oz. Rhum Rouge

3 onces. jus d'ananas

½ oz. liqueur de melon

cerise pour la garniture

Mélanger les deux premiers ingrédients sur de la glace dans un grand verre. Liqueur de melon flotteur. Garnir de cerise.

MARTINI AU CHOCOLAT ALLEMAND

½ oz. Rhum à la noix de coco Captain Morgan Parrot Bay

½ oz. Liqueur originale Godiva

½ oz. Vodka cerise noire Smirnoff

¼ oz. Copeaux de chocolat allemand

Agiter les trois premiers ingrédients avec de la glace et filtrer dans un verre à martini. Garnir de copeaux de chocolat allemand.

GINGEMBRE COLADA

½ oz. rhum

1½ oz. Coco Lopez véritable crème de noix de coco

1 once. Canton Liqueur délicate de gingembre

Mélanger avec 1 tasse de glace.

ÉCRASÉ AU GINGEMBRE

1½ oz. 10 rhum de canne

¾ oz. Liqueur de cerise au marasquin Luxardo

¾ oz. Liqueur de pomme Berentzen

½ oz. jus de citron vert fraîchement pressé

2 morceaux d'ananas frais de la taille d'une boîte d'allumettes

2 longues et fines tranches de racine de gingembre frais

1 c. barre de sucre

feuille d'ananas pour décorer

Écraser l'ananas, le gingembre et le sucre en une pâte homogène au fond d'un verre à mélange. Ajouter le reste des ingrédients et remplir le verre à mélange à moitié avec de la glace. Agiter brièvement et verser sans filtrer dans un verre à whisky ou à l'ancienne. Garnir d'une feuille d'ananas.

    Cocktail d'été 2007 le plus vendu chez Employees Only, NYC.

BISCUIT AU GINGEMBRE

¾ oz. Rhum épicé Captain Morgan Original

½ oz. eau-de-vie de gingembre

125 grammes. Lait de poule

biscuit au gingembre pour la garniture (facultatif)

Mixer jusqu'à consistance désirée et verser dans un verre. Garnir d'un morceau de gingembre pour tremper si désiré.

CURE D'OR

2 oz. Rhum Wray & Nephew

1 once. Miel

½ oz. eau chaude

jus de 1 citron vert

zeste de citron vert pour la garniture

Mélanger le miel dans de l'eau chaude jusqu'à dissolution complète. Ajouter le rhum Wray & Nephew et le jus de lime. Ajouter des glaçons et secouer. Filtrer dans un verre à cocktail refroidi. Garnir d'un zeste de citron vert.

OIE D'OR

5 onces. Champagne brut

1 once. jus d'ananas non sucré

½ oz. Rhum des Bermudes Gosling's Gold

bâton d'ananas pour la garniture

Mélanger les deux premiers ingrédients dans une flûte à champagne. Faites flotter doucement le rhum Gosling's Gold Bermuda sur le dessus, en lui permettant de se mélanger lentement. Garnir d'un fin bâtonnet d'ananas.

COUCHER DE SOLEIL DORÉ

1½ oz. Rhum Tommy Bahama Golden Sun

1 once. liqueur d'orange premium

zeste d'orange brûlée pour la garniture

Verser dans un petit verre sur de la glace et bien mélanger. Garnir d'un zeste d'orange brûlée.

GILLIGAN DES FINS HEUREUSES

1 once. Rhum coco Malibu

1 once. Rhum de mangue Malibu

1 once. Rhum banane tropicale Malibu

½ oz. jus de cranberry

½ oz. jus d'ananas

cerise pour la garniture

Secouer avec de la glace et servir sur les rochers. Garnir de cerise.

CASQUE

1¼ oz. Rhum Bacardi Silver

1¼ oz. jus de citron vert frais

1 c. sucre

¼ oz. grenadine de rose

club soda à remplir

Agiter les trois premiers ingrédients avec de la glace et filtrer dans un récipient de 10 oz. verre. Remplir de soda club.

HAVANA BANANA FIZZ

2 oz. rhum léger

2½ onces. jus d'ananas

1½ oz. jus de citron vert frais

3 à 5 traits de bitter Peychaud

1/3 banane, tranchée

soda au citron amer pour remplir

Mélanger les cinq premiers ingrédients. Remplir de soda au citron amer.

SIDE-CAR LA HAVANE

1½ oz. Rhum doré de Porto Rico

¾ oz. jus de citron

¾ oz. triple sec

Mélanger avec 3-4 glaçons.

SPÉCIAL LA HAVANE

2 oz. Rhum Blanc

1 cuillère à soupe. liqueur de cerise au marasquin

½ c. sucre

1 once. jus de citron ou de lime

    Secouez et servez sur glace.

MARGUERITE HAWAÏENNE

1½ oz. Rhum léger Bacardi

1 once. jus d'ananas

¼ oz. jus de citron ou de lime

¼ oz. grenadine

club soda en haut

Verser les quatre premiers ingrédients dans un verre et garnir de club soda.

HOULA HAWAÏEN

1 ½ partie de rhum banane Malibu Tropical

¾ de nectar de goyave

¾ partie de mélange aigre frais

tire-bouchon orange pour la garniture

Agiter et filtrer dans un verre à martini. Garnir d'un tire-bouchon orange.

NUIT HAWAÏENNE

1 once. Rhum léger Bacardi

¼ oz. Eau-de-vie Hiram Walker aromatisée à la cerise

jus d'ananas pour remplir

    Versez le rhum léger Bacardi dans un grand verre à moitié rempli de glace. Remplir de jus d'ananas et faire flotter du cognac à la cerise dessus.

CORDONNIER DES PLANTATIONS HAWAÏENNES

1½ oz. Rhum Pyrat XO Reserve

½ oz. Liqueur de citron

1½ oz. aigre-doux frais

½ oz. sirop simple

½ tranche d'ananas pelé

soda au gingembre

brin de menthe pour décorer

gingembre confit pour la garniture

Agiter les cinq premiers ingrédients. Remplir de soda au gingembre, puis verser dans un verre sur de la glace. Garnir d'un brin de menthe fraîche et de gingembre confit.

HEMINGWAY DAIQUIRI

1½ oz. 10 rhum de canne

½ oz. Liqueur de cerise au marasquin Luxardo

1 once. jus de pamplemousse fraîchement pressé

½ oz. jus de citron vert fraîchement pressé

½ oz. sirop simple

rondelle de citron vert pour la garniture

cerise noire pour la garniture

    Mélanger tous les ingrédients dans un verre à mélange. Ajouter de la glace et agiter vigoureusement. Filtrer dans un verre à cocktail refroidi. Garnir d'une rondelle de citron vert et d'une cerise noire en brochette.

VACHE BANANE SAINTE

1 once. Rhum Shango

1 once. crème de banane

1½ oz. crème

tiret grenadine

tranche de banane pour la garniture

noix de muscade râpée pour la garniture

Shaker avec de la glace pilée et filtrer dans un verre. Garnir d'une tranche de banane et saupoudrer légèrement de noix de muscade.

RHUM AU BEURRE CHAUD

1 once. Rhum Whaler's Vanille, par portion

1 tasse de sucre

1 tasse de cassonade

1 tasse de beurre

2 tasses de crème glacée à la vanille

¾ tasse d'eau bouillante, par portion

noix de muscade râpée pour la garniture

    Mélanger les sucres et le beurre dans une casserole de 2 pintes. Cuire à feu doux en remuant jusqu'à ce que le beurre soit fondu. Mélanger le mélange cuit avec la crème glacée dans un grand bol à mélanger et battre à vitesse moyenne jusqu'à consistance lisse. Conserver au réfrigérateur jusqu'à 2 semaines ou congelé jusqu'à un mois. Pour chaque portion, remplissez ¼ d'une tasse avec le mélange et ajoutez 1 oz. Whaler's Vanille Rum et ¾ tasse d'eau bouillante. Saupoudrer de muscade.

PUNCH CHAUD AU RHUM ET AU CIDRE

1 bouteille (750 ml) de rhum léger Don Q

½ gallon de cidre de pomme

clous de girofle pour la garniture

tranches de citron pour la garniture

bâtons de cannelle pour la garniture

Verser le rhum léger Don Q dans un bol et ajouter le cidre de pomme chauffé. Remuer. Garnir de tranches de citron piquées de clous de girofle. Ajoutez un bâton de cannelle dans chaque coupe de punch pour rehausser la saveur. Pour 12 personnes.

Papa vaudou chaud

1 once. Rhum épicé vaudou

½ oz. schnaps au caramel

5 onces. chocolat chaud

crème fouettée pour le dessus

    Mélanger les trois premiers ingrédients dans une tasse et garnir de crème fouettée.

SABLIER

1½ oz. Rhum épicé Admiral Nelson's Premium

125 grammes. du jus d'orange

éclaboussures de grenadine

   Servir sur glace.

HUMER

1 once. Rhum épicé Admiral Nelson's Premium

1 once. Café Caffe Lolita

2 boules de glace à la vanille

    Mélanger avec de la glace pilée et servir dans un verre décoratif.

OURAGAN ANDREW

1 once. Rhum coloré Cockspur Five Star

1 once. Rhum blanc Cockspur

1 once. sirop d'orgeat

1 once. jus de fruits de la passion

3 onces. du jus d'orange

½ oz. jus de citron vert

cerises au marasquin pour la garniture

tranche d'orange pour la garniture

Bien agiter avec de la glace et verser dans un verre Hurricane réfrigéré. Garnir de cerises au marasquin, d'une tranche d'orange et d'un parapluie.

BRISE-GLACE

½ oz. Myers Original rhum brun

¼ oz. crème de noya

¼ oz. Cognac

¼ oz. Gin

2 oz. jus de citron

1 once. du jus d'orange

Secouer.

DANS LE ROSE

1¼ oz. Crème au rhum Myers's Original

1 once. Coco Lopez véritable crème de noix de coco

1 c. grenadine

    Mélanger avec de la glace.

Mlle indifférente

¾ oz. Rhum épicé Captain Morgan Original

¾ oz. jus de citron vert

1 c. sirop simple

3 onces. Club Soda

Verser le rhum, le jus et le sirop sur de la glace dans un verre. Remuer. Ajouter le soda et remuer doucement.

MAI TAI INTERNATIONAL

½ oz. Rhum Malibu

½ oz. Myers Original rhum brun

½ oz. rhum

1 c. sirop d'orgeat

2 oz. jus d'ananas

2 oz. mélange aigre-doux

Mélanger avec de la glace. Servir dans un grand verre.

THÉ GLACÉ ISLA GRANDE

1½ oz. Rhum brun portoricain

3 onces. jus d'ananas

3 onces. thé glacé infusé non sucré

tranche de citron ou de lime pour la garniture

Verser dans un grand verre avec de la glace. Garnir d'une tranche de citron ou de lime.

COUCHER DE SOLEIL DE L'ÎLE

1 once. Rhum Whaler's Rare Reserve

1 once. Grand rhum blanc de Whaler

1 cuillère à soupe. sirop de fruit de la passion

2 c. jus de citron vert

tiret grenadine

quartier de citron vert pour la garniture

Secouez et versez dans un verre tempête réfrigéré sur de la glace. Garnir d'un quartier de lime.

ÎLE VAUDOU

1½ oz. Rhum épicé vaudou

1½ oz. Rhum Rouge

2 oz. jus de goyave

2 oz. jus de mangue

½ oz. jus de citron vert frais

½ oz. jus de citron frais

Mélanger avec de la glace et servir dans un grand verre.

COLADA ITALIENNE

1½ oz. Rhum blanc portoricain

¾ oz. crème sucrée

¼ oz. Coco Lopez véritable crème de noix de coco

2 oz. jus d'ananas

¼ oz. Amaretto

Mélanger avec 1 boule de glace pilée.

JADE

1½ oz. Rhum blanc portoricain

¾ oz. jus de citron vert

1 cuillère à soupe. sucre

tiret triple sec

un trait de crème de menthe verte

    Secouer. Servir sur glace.

www.ingramcontent.com/pod-product-compliance
Lightning Source LLC
Chambersburg PA
CBHW050346120526
44590CB00015B/1580